AF321213

REFLEXIONS
DE M. BERGASSE,

ANCIEN DÉPUTÉ A L'ASSEMBLÉE CONSTITUANTE,

SUR

L'ACTE CONSTITUTIONNEL DU SÉNAT.

On m'a fait lire deux actes du Sénat ; l'un par lequel il prononce la déchéance de Buonaparte ; l'autre qui a pour objet de fixer les bases de la Constitution qu'il prétend nous faire accepter.

Le premier de ces actes m'a surpris. Je n'ai pu comprendre comment le Sénat en le rédigeant n'avoit pas apperçu qu'il ne pouvoit sans une grande inconvenance livrer à l'opprobre, un homme auquel après tout il doit ses éminentes prérogatives et son étrange fortune. Buonaparte a été mon ennemi comme celui de tous les Français qui ont des principes et de l'honneur. Or, je l'avoue, je me croirois bien vil, si maintenant qu'il a cessé d'être redoutable, je poursuivois avec un ridicule acharnement sa mémoire. On peut

A

braver un ennemi aussi long-temps qu'il est à craindre ; et dans une cause juste, il y a du courage sans doute à lutter contre sa puissance ; mais lorsqu'on a gardé le silence devant lui, le braver seulement quand il ne reste plus rien de ce qu'il étoit qui puisse inspirer de la terreur, c'est l'action d'un lâche, c'est insulter à un cadavre ; c'est laisser entrevoir que ce n'est pas de la conscience qu'on emprunte son langage, mais uniquement des circonstances où la fortune nous jette.

Que seroit-ce donc, si, comme les membres du Sénat, j'avois accepté ses bienfaits ; si, pour les mériter je m'étois rendu l'apologiste de tous ses crimes ; si, désavouant peut-être en secret ses fureurs, j'en avois fait publiquement le sujet de mes éloges ; si la Nation devoit à ma servile complaisance pour lui tous ses malheurs, la ruine de l'agriculture, l'anéantissement du commerce ; des impôts impossibles à payer, et cependant exigés avec une dureté sans exemple ; le deuil profond de toutes les familles ; la mort de plus de cinq millions d'individus arrachés de leurs foyers pour aller périr sur des champs de bataille ? Que seroit-ce, si, pouvant parler, si par le droit de ma place, ayant une autorité suffisante pour m'opposer aux projets désastreux de cet homme impitoyable, je les avois consacrés par mon suffrage ; si par ce suffrage honteux je l'avois moi-même excité à oser tous les jours davantage ? Que seroit-ce si, pour obtenir des graces, j'avois étouffé toutes les réclamations, méprisé toutes les douleurs ; si, me plaçant entre son trône et le peuple français, j'avois prêté au peuple français, dont je me disois et dont je n'étois pas l'organe, un langage qui n'étoit que le mien ; si dans les départemens j'avois sollicité par la crainte des adresses d'approbation pour tous les actes de son délire ; si j'avois commandé la joie, quand les larmes couloient de toutes parts ; si j'avois insulté par mon luxe, par le spectacle insolent de ma fortune à la misère publique ; si, quand on contraignoit jusqu'aux dernières classes de la société, à se priver de leur nécessaire toujours si borné, pour satisfaire à tant de folies, j'étois demeuré seul insensible au milieu de la désolation générale, occupé de me faire payer mes honoraires, et d'ajouter un peu d'or à l'or que j'aurois déjà recueilli? Je le demande à tous les hommes honnêtes, à tous ceux qui ont quelque idée des bienséances et des devoirs délicats qu'elles imposent, n'est-il pas vrai qu'alors je me serois privé du droit de prendre part à l'indignation commune? Et quand il ne me resteroit plus qu'à me faire oublier, me conviendroit-il, en effet, de me montrer parmi cette multitude innombrable de malheureux dont d'affreux souvenirs ont rendu les ressentimens légitimes.

On compte dans le Sénat un petit nombre de personnes qui ne manquent ni de talens, ni d'adresse. Or, comment ne les a-t-on pas consultées avant de livrer au public cet acte de déchéance ?

Certes, ou je me trompe fort, ou elles auroient dit qu'une pareille pièce n'étoit au fond qu'un acte d'accusation contre le Sénat; que, puisque le Sénat étoit chargé par son institution de conserver la Constitution d'ailleurs très-mauvaise qui nous avoit été donnée, si Buonaparte ne l'avoit pas respectée, les Sénateurs seuls étoient les vrais coupables; que détailler comme ils le faisoient les attentats de celui-ci contre la Constitution, c'étoit révéler leur propre prévarication, et que, puis qu'ils vouloient prononcer sa déchéance, il étoit prudent du moins de la motiver, sans spécifier des griefs trop particuliers et trop nombreux, et afin de ne pas encourir le reproche d'ingratitude, qu'il convenoit surtout qu'ils ne parlassent que comme organe *nécessaire* du peuple français, de ce peuple dont il a été si long-temps l'oppresseur et le bourreau (1).

L'acte constitutionnel m'a encore plus étonné que l'acte de déchéance. Je me suis demandé d'a-bord à quel titre le Sénat s'étoit permis de rédiger

----

(1) Au reste, je suis bien loin d'imputer à tous les membres du Sénat les actes irréguliers, pour ne rien dire de plus, qu'il vient de se permettre; il y a dans ce corps, et même parmi ceux qui ont souscrit les premiers l'acte constitutionnel, quelques hommes recommandables par des qualités précieuses, et qui, s'ils eussent appartenu à un meilleur temps, auroient bien mérité de leur patrie. Je ne parle ici que de ceux qui par leur ascendant déterminent les opinions du Sénat.

(5)

pour la France une constitution. Le Sénat ne doit
son existence qu'à la Constitution même qui vient
d'être détruite. Il est donc dissous par le fait ; il
n'est donc plus qu'une association d'individus sans
caractère politique et sans droits. Et alors, d'où
emprunte-t-il la mission qu'il se donne ? Qui est-ce
qui l'a invité à nous constituer de nouveau ? et
pourquoi nous imposeroit-il des lois, lui qui,
déchu de sa puissance, n'a plus rien aujourd'hui
qui le sépare des citoyens ordinaires ?

Dira-t-il qu'il représente la Nation ? Quoi ! le
Sénat représente la Nation ! Mais a-t-il oublié que
par son institution même, il n'étoit pas appelé à
délibérer sur ses intérêts ; qu'il n'étoit chargé que
de garantir de toute atteinte, la Chartre constitu-
tionnelle, dont quelques - uns de ses membres
avoient rédigé les articles ; que pour être repré-
sentant d'une nation , il faut être immédiatement
délégué par elle, et que, lorsqu'il s'agit surtout
de la constituer, une délégation ordinaire ne suffit
pas ; qu'il faut, de plus, pour un œuvre pareille,
un mandat spécial qu'aucun autre acte ne peut
remplacer ?

Et puis, qu'est-ce que dans son système le Sénat fait du Corps législatif ? Celui-là représente
bien véritablement la nation. Or, a-t-il été admis
aux délibérations du Sénat ? est-ce avec lui qu'on
a discuté l'acte constitutionnel ? a-t-on livré à la
discussion, dans son sein, chacun des articles de
cet acte extraordinaire ? Si rien de tout cela ne

A 3

s'est fait, si ce ne sont pas ceux qui avoient le droit d'agir et de parler, qui ont agi, qui ont parlé, qu'on me dise donc, d'après quelle maxime, d'après quelle loi les membres du Sénat voudroient me forcer à respecter leur ouvrage ?

Je me suis demandé ensuite, comment le Sénat avoit pu décréter que Louis XVIII ne seroit proclamé Roi qu'autant qu'il auroit accepté l'acte constitutionnel. Est-ce que Louis XVIII a besoin du Sénat pour être Roi ? la royauté n'a-t-elle pas toujours été héréditaire en France ? n'est-il pas le frère de Louis XVI et l'oncle de Louis XVII ? Louis XVIII, d'ailleurs, peut-il accepter l'acte constitutionnel avant que la Nation elle-même, qu'il faut cependant compter pour quelque chose (1), ait émis son vœu ? Et jusqu'à cette acceptation que fera-t-il ? Ne sera-t-il qu'un simple particulier dont l'état n'est pas fixé, et qui n'a dans le système social aucune fonction à remplir ?
Louis XVIII a conféré à *Monsieur* la lieutenance

---

(1) J'avertis, au reste, qu'il ne faut pas regarder comme vœu de la nation, les adhésions forcées, qu'à force de mensonge et de menace on pourra obtenir de la foiblesse des autorités constituées dans les provinces. La nation détestoit Buonaparte, et les journaux n'étoient remplis que d'adresses pleines de protestations de dévoûment pour le meilleur et le plus aimé des souverains. On sait comment on se procuroit ces adresses, on comprend donc de quelle manière aussi on pourra se procurer ces adhésions.

générale du royaume, suivant l'ancien usage de la monarchie. Tous les Français ont cru que *Monsieur* étoit en conséquence suffisamment autorisé à prendre en main les rênes du gouvernement. Le Sénat, ce Sénat, je ne crains pas de le dire, que toute la France réprouve, n'a pas pensé de même. Il s'est permis de regarder Louis XVIII comme incompétent, dans la nomination qu'il a faite du Prince son frère, et ce n'est qu'après l'avoir nommé lui-même, qu'il a souffert que les Français lui obéissent.

Il faut que je dise toute ma pensée. Voudroit-on légitimer en quelque sorte l'assassinat juridique de Louis XVI? Voudroit-on consacrer au moins tacitement, la doctrine contenue dans l'acte par lequel la Convention a déclaré déchus du trône pour toujours les nobles descendans de Charlemagne, de St. Louis, d'Henri IV? En conséquence de cet acte épouvantable, auroit-on pensé qu'on ne doit pas recevoir Louis XVIII comme un Prince qui a des droits qu'on ne peut méconnoître, mais comme un Prince qui attend d'une volonté étrangère une couronne à laquelle, par lui-même, il ne lui est pas permis de prétendre? Ainsi donc, il suffiroit qu'une troupe de factieux, après avoir soumis à l'ignominie d'une procédure criminelle un Roi légitime, l'eût fait périr sous la hache d'un bourreau, pour que cet attentat exécrable produisît à la Nation, dans le sein de laquelle il auroit été commis, un droit

A 4

nouveau, et l'affranchît pour toujours de ses devoirs envers la famille de l'auguste victime que les barbares auroient sacrifié où à leur intérêt, ou à leur vengeance? Je ne sais, mais il me semble qu'il est difficile d'offenser avec plus de hardiesse la majesté des têtes couronnées, et les principes de cette morale éternelle, sans lesquels il n'y a que désordre, anarchie et boulversement dans les empires.

Au reste, et je me hâte de le dire, je suis loin d'imaginer qu'une pensée si affreuse se soit présentée à l'esprit de ceux qui ont souscrit l'acte sur lequel on se propose d'élever l'édifice de notre constitution nouvelle. Cependant, il n'est pas moins vrai qu'une telle pensée est cachée en quelque sorte dans la rédaction de cet acte important, et qu'un jour peut-être elle pourra donner lieu à des événemens bien funestes.

Enfin, je me suis demandé comment le Sénat avoit été si peu soigneux de sa renommée, pour entreprendre de convertir en dignités et en patrimoines héréditaires, des dignités à vie et des biens qu'il ne possède qu'à titre d'usufruit. Est-ce que ces biens n'appartiennent pas à la nation? est-ce qu'il a le droit de transmettre à ses héritiers ces dignités, qui étoient la propriété de tous, puisque tous pouvoient y prétendre? Quoi! de son autorité privée, il déclare que ce qui ne lui a été que confié, est irrévocablement à lui; il conteste à

nos Princes leurs droits au trône, et pour satisfaire son avarice et sa vanité, sans demander aux
Français leur aveu, il fait sortir, pour ainsi dire
du commerce, les honneurs dont il jouit, les
domaines et les terres dont il perçoit les revenus,
mais qui ne lui ont pas été aliénés ; et ne donnant
pour raison de son usurpation que sa volonté, il
annonce fièrement que Louis XVIII ne sera proclamé Roi, qu'autant qu'il aura consacré par son
suffrage une usurpation si violente et si honteuse.

Voilà donc les membres du Sénat, devenus,
par leur fait, Pairs et premiers Pairs du royaume.
Et les Rohans, les Montmorency, les Périgord,
les Choiseul, les Brissac, les la Trémouille, lorsque le Roi jugera à propos de leur conférer cette
dignité, ne marcheront qu'à leur suite. MM. Ga-
rat, Grégoire, Chaptal, Chasset et tous ces hommes
qui, au commencement de notre funeste révolu-
tion, ont déclamé avec tant de véhémence, contre
les titres, les distinctions, les priviléges, qui ont
défendu avec tant d'opiniâtreté le systéme de l'é-
galité des conditions et des droits ; les voilà devenus, à force de souplesse, de patience et de cupi-
dité, les personnages les plus éminens de l'État. Si
le chevalier sans peur et sans reproche, si le brave
et vertueux Bayard vivoit, et que le Roi, pour le
récompenser de ses services éclatans, lui proposât
une Pairie, dites-moi, croyez-vous qu'en pareille
circonstance il l'acceptât ? non, sans doute. Eh
bien ! j'ai assez bonne opinion de la noblesse fran-

çoise pour penser que ce que feroit Bayard, elle
le fera comme lui.

Peut-être cependant ai-je tort de trouver étrange
des prétentions si hautes et si ridicules ? J'aurois
dû me ressouvenir que les auteurs des cinq ou six
constitutions qu'on nous a données, car je n'en
sais pas exactement le nombre, n'en ont pas fa-
briqué une seule qui n'ait eu pour objet leur bien-
être premièrement, et puis l'accroissement plus
ou moins rapide de leur fortune ; qu'ils n'ont or-
ganisé les différentes parties de ces codes extrava-
gans que dans l'intention de se procurer des dignités sans travail, surtout des places lucratives,
et qu'il n'en est aucune en effet qui, tantôt sous une
forme, et tantôt sous une autre, n'ait mis à leur
disposition toutes les richesses et toute la puissance de l'État. Ainsi, et puisqu'au jourd'hui, une
économie sévère doit remplacer le régime dépré-
dateur, auquel depuis long-temps on a soumis nos
finances, ainsi donc il seroit tout simple que le
Sénat qui, s'il étoit conservé, devroit s'attendre à
la diminution et même à la suppression totale de
ses appointemens, eût cherché dans sa sagesse
quelques moyens de retenir ce qui n'étoit qu'en
passant dans ses mains.

Quoi qu'il en soit, il me paroît très-important
que l'acte constitutionel, qui n'est qu'une insulte
réfléchie, faite à l'auguste maison de France, soit,

par cela seul, absolument regardé comme non avenu. Le Roi en annonçant son arrivée en France, a déclaré qu'il n'y venoit que pour faire jouir son peuple de tous les bienfaits d'une Constitution libre. Or il n'est presque personne parmi nous qui ne sache quelle est la haute opinion que les anglois ont conçue des lumières du Roi, de sa prudence et de son noble caractère; et sans doute on conviendra que chez cette nation l'une des plus éclairées et des plus généreuses de l'Europe, pour mériter au point où il l'a fait l'estime universelle, il ne faut ni des talens, ni une conduite ordinaire. Le Roi a donc une Constitution ou une grande Chartre à nous présenter, non pas fabriquée à la hâte comme l'acte du Sénat, mais qui ne peut être que le fruit des réflexions les plus profondes, et de cette sagesse que donne à un esprit supérieur de longs malheurs quand ils ne sont pas mérités. Mais si cela est, et lors même que cela ne seroit pas, par quelle étrange manie le Sénat aujourd'hui prétendroit-il se faire son instituteur! Comment ose-t-il lui dire en présence du peuple françois dont il usurpe tous les droits, qu'il ne peut bien régner et même qu'il ne régnera qu'autant qu'il adoptera les leçons rédigées par articles qu'il juge à propos de lui donner?

Eh quoi! lorsque Louis XVIII entrera dans nos murs, et qu'à ses côtés nous verrons son auguste frère, qui depuis qu'il est au milieu de nous, s'est montré si digne de le représenter; quand nous lèverons des yeux mouillés de larmes sur la fille des Rois, sur cette princesse héroïque que tant de résignation dans l'infortune, tant de courage dans les revers, tant de bonté malgré tant de sujets d'amertume nous ont rendu si précieuse et si chère ; quand les héritiers du trône paroîtront précédés déjà de tant de renommée ; quand les princes de Condé, de cette maison si féconde en grands hommes attireront nos regards, et que nous chercherons vainement auprès d'eux le jeune héros qui après avoir échappé à tant de hazards a péri victime de la plus noire perfidie. Eh quoi ! ils viendront donc eux avec leur morceau de papier à la main, nous signifier que le prince qui s'avance n'est pas encore notre Roi ; que le proclamer dans les transports d'amour que sa présence nous inspirera, c'est attenter à leur autorité : et que la nation toute entière auroit beau le reconnoître, tant qu'il n'aura pas signé leur papier, elle ne lui offrira que des hommages prématurés et ne l'environnera que d'une admiration inutile !

Je ne sais, mais il me semble qu'en voilà bien assez pour demeurer convaincu qu'il n'appartient pas à de tels gens de s'occuper de nos intérêts, et que, si l'œuvre de fixer le gouvernement d'un grand peuple est de toutes les œuvres morales celles qui demande une âme plus élevée, des vues plus dégagées d'amour-propre, ce n'est, comme il arrive ici, ni à l'orgueil, ni à l'égoïsme qu'il convient de l'entreprendre.

Au reste, comment ne voit-on pas qu'il n'y a rien dont l'homme puisse se glorifier dans les événemens extraordinaires dont nous sommes les témoins ; que la Providence toute seule les a dirigés pour préparer au monde entier peut-être de plus grandes et de meilleures destinées ; qu'elle seule a brisé, comme en un moment, le trône du plus étonnant despote qui ait encore existé sur la terre ; qu'elle seule, du fond de la Russie, a conduit, pour ainsi dire, par la main, ce Prince, auquel je ne veux pas donner le nom de grand, parce qu'il faut inventer pour un désintéressement si sublime, pour une bonté si céleste, un titre plus auguste et qui exprime mieux ses vertus ; qu'elle seule lui a donné pour associé dans sa noble entreprise, ce Roi si chéri de ses peuples, que les revers n'ont point abbatu, que tant d'outrages devoit rendre notre ennemi, et qui n'a paru, au milieu de nous, que pour nous plaindre et pour nous aimer ; qu'elle seule aussi a pu inspirer au Souverain, qui occupe avec tant de gloire le trône des Charlemagne et des Othons, le dessein magnanime de faire taire au fond de son cœur la voix du sang, toujours si impérieuse, et de sacrifier à la paix universelle son intérêt le plus cher et le plus légitime ; enfin, que ce n'est qu'à elle que nous devons d'avoir appaisé ces haines politiques, qui n'ont que trop séparé deux peuples, qui, si l'on examine bien leurs caractères et leurs mœurs, auroient dû être unis par tous les liens d'une estime et d'une fraternité réciproque, et que, si le Prince qui gouverne aujourd'hui la Grande-Bretagne, a fait éclater dans ses desseins une sagesse si haute, une prudence si ferme, un dévoûment si noble à une cause qui n'est pas moins la cause des peuples que la cause des Rois, c'est que ce n'étoit qu'ainsi que devoit être préparé le retour solemnel des enfans de St. Louis au trône de leurs pères.

Mais qui a fléchi la justice divine ? qui a pu, sur cette terre désolée par tant d'erreurs, souillée par tant de crimes, attirer des regards, de compassion et de miséricorde. Ah ! s'il étoit en votre pouvoir de vous dégager des liens du temps, s'il vous étoit donné de contempler avec des yeux mortels, le spectacle invisible qui se déploie sur vos têtes, vous le verriez, celui que des barbares ont immolé, ce Louis XVI, dont l'âme étoit si pure, dont les vertus furent si religieuses et si simples, qui, dans un cœur abreuvé de fiel, n'a jamais pu nourir un sentiment de haine; vous le verriez, ce Roi, qui ne savoit qu'aimer, prosterné aux pieds du trône de l'Eternel, se répandre en actions de graces, pour remercier sa bonté infinie, de ce qu'elle a daigné enfin exaucer avec tant d'éclat son humble et persévérante prière ; la prière que depuis sa mort déplorable il n'a cessé de lui adresser pour cette France qui lui est toujours chère. S'il est vrai qu'il y ait une correspondance d'amour entre

le ciel et la terre ; si les destinées de ceux qui vi-
vent ici-bas ne sont point étrangères aux affec-
tions de ceux qui les ont précédés dans une vie
plus heureuse ; si les Rois qui ont été les pères de
leurs peuples, veillent du sein de leurs demeures
immortelles sur les nations qu'ils ont gouvernés,
s'ils en sont encore les anges tutélaires. Ah ! n'en
doutez pas, ils ont prié avec lui tous les Rois dont
la France s'honore ; ils ont, à son exemple, sollicité par leurs vœux, ce jour à jamais mémorable,
ce jour de paix profonde qui luit enfin sur le
monde fatigué, après tant d'années de boulver-
semens et d'orages.

Non, encore une fois, il n'y a rien ici qui ap-
partienne à l'homme. Le Roi qui va paroître n'est
point un Prince ordinaire. Il lui a été donné de
faire le bien avec puissance, parce que la sagesse
qui se fait remarquer en lui est la sagesse d'en
haut ; il marche environné de tous les Rois ses
aïeux, qui ont aimé le bien comme lui. Son frère,
son magnanime frère, noble victime d'expiation
après tant d'attentats ; son frère qui semble n'avoir
quitté la terre que pour réconcilier avec le Dieu
de toute justice, avec le Dieu vengeur des crimes,
les Français égarés, son frère le précède (1). Tout

---

(1) Je voulois parler ici de notre infortunée Reine, de
cette Madame Élisabeth, qu'il est impossible de louer, parce
qu'il y a des vertus si hautes qu'elles ne peuvent être qu'af-
foiblies par des éloges ; de ce jeune Prince, de Louis XVII,

est religieux, tout est commandé par la divinité elle-même, dans la pompe imposante qui l'environne. N'entreprenez donc pas de mêler des voix discordantes au concert d'admiration et d'amour que la présence de Louis XVIII ne manquera pas d'inspirer. Puisqu'au sein de tant de prodiges, vous avez pu, comme par le passé, ne vous occuper encore que de votre intérêt propre, que du maintien d'une fortune qui nous a coûté tant de larmes, souffrez qu'il choisisse ailleurs que chez vous des coopérateurs et des amis, et comme nous, attendez avec respect la loi de bonheur et de liberté qu'il a seul le droit de donner à son peuple.

---

qui a trouvé la mort dans sa prison, après y avoir éprouvé les traitemens les plus barbares, sans que parmi les autorités du jour, il ait jamais pu obtenir un regard de pitié. Mais ces souvenirs me déchirent, mais j'ai senti que je ne serois pas le maître de mon ressentiment, et que je devois aux circonstances présentes, le sacrifice de ma douleur et de mon indignation.

Signé BERGASSE.